HACIENDO DISCÍPULOS PARA CRISTO EN SIETE DÍAS

PASTOR OTHNEL PIERRE

TEACH Services, Inc.
PUBLISHING
www.TEACHServices.com • (800) 367-1844

World rights reserved. This book or any portion thereof may not be copied or reproduced in any form or manner whatever, except as provided by law, without the written permission of the publisher, except by a reviewer who may quote brief passages in a review.

The author assumes full responsibility for the accuracy of all facts and quotations as cited in this book. The opinions expressed in this book are the author's personal views and interpretations, and do not necessarily reflect those of the publisher.

This book is provided with the understanding that the publisher is not engaged in giving spiritual, legal, medical, or other professional advice. If authoritative advice is needed, the reader should seek the counsel of a competent professional.

Copyright © 2021 Pastor Othnel Pierre
Copyright © 2021 TEACH Services, Inc.
ISBN-13: 978-1-4796-1315-1 (Paperback)
ISBN-13: 978-1-4796-1316-8 (ePub)
Library of Congress Control Number: 2021911018

All Bible references are taken from Louis Segond 1910, Alliance Biblique Universelle.

DEDICATORIAS

Esta colección está dedicada a mi padre, de 86 años, el Pastor Anélus Pierre, quien me inició en el arte de amar la obra de Dios y el Movimiento Adventista de forma desinteresada.

A Édithe Pierre, mi esposa, amiga, confidente y madre de mis tres hijos: Anne-France, Laur-Edine y Auguste, que sufrieron conmigo y me apoyaron durante la preparación de este folleto.

A mis hermanos, Josué, Etzer, Bossuet, Mirtyl, Sandy y mi única hermana, Carline. Todos dedicados al servicio del Maestro. Gloria a su nombre.

A la Hermana Cléramise Alexis, miembro bautizado de Morija, Iglesia Adventista del Séptimo Día, Manhattan, NY, con quien comparto la misma fecha de nacimiento. Me animó, incluso me ordenó que reuniera mis sermones y mensajes en una colección. Esto es un anticipo de eso. ¡Sigue rezando por mí, hermana Alexis!

TABLA DE CONTENIDO

Dedicatorias . . . . *iii*
Introducción 7
Preliminar #1 11
Preliminar #2 25

VERDADES SIMPLES Y ESENCIALES #1 – 2020
PREPARADO POR PASTOR OTHNEL PIERRE
LA FE 27

VERDADES SIMPLES Y ESENCIALES #2 – 2020
PREPARADO POR EL PASTOR OTHNEL PIERRE
LA BIBLIA 30

VERDADES SIMPLES Y ESENCIALES #3 – 2020
PREPARADO POR EL PASTOR OTHNEL PIERRE
EL SÁBADO 33

VERDADES SIMPLES Y ESENCIALES #4 – 2020
PREPARADO POR EL PASTOR OTHNEL PIERRE
EL ESTADO DE LOS MUERTOS 39

VERDADES SIMPLES Y ESENCIALES #5 – 2020

PREPARADO POR EL PASTOR OTHNEL PIERRE

LOS PRINCIPIOS DE LA SALUD 43

VERDADES SIMPLES Y ESENCIALES #6 – 2020

PREPARADO POR EL PASTOR OTHNEL PIERRE

LA SANTA CENA 51

VERDADES SIMPLES Y ESENCIALES #7 – 2020

PREPARADO POR EL PASTOR OTHNEL PIERRE

EJERCICIOS DE LEALTAD 57

A manera de conclusión. 63
Comentarios 64

INTRODUCCIÓN

Necesitamos romper la monotonía de nuestro servicio a Dios. Cada miembro de la Iglesia debería comprometerse en algún servicio especial para el Maestro. Aquellos que están bien arraigados en la verdad vayan al vecindario y hagan reuniones. Que la palabra de Dios sea leída, y que las ideas expresadas permanezcan fácilmente entendidas por todos. — *The Review and Herald*, 5 de mayo de 1904. SALESMAN 147.5

«Hacer Discípulos para Cristo, todos los días, durante 7 días» es una pequeña colección preparada por el Pastor Othnel Pierre, durante su servicio en 2020 en el Distrito de Morija, Manhattan, NY y Mitspa, White Plains, NY.

Fue escrito en respuesta a las preocupaciones por la evangelización personal durante el confinamiento de la humanidad en un momento en que el flagelo del Coronavirus, Covid-19, estaba rampante en el mundo.

Sin embargo, esta colección puede ser utilizada en cualquier momento y bajo cualquier circunstancia. El espíritu de adaptación y la creatividad de cada persona determinarán su uso.

Una cosa debe quedar clara: ya no podemos confiar únicamente en las campañas evangelistas públicas en las que un solo actor, un predicador estrella y unos cuantos ayudantes de evangelista, tradicionalmente conocidos como "lectores de la Biblia", actúan mientras la Iglesia del Señor permanece en asombro, tal como los espectadores en un teatro.

Es hora de que los creyentes se unan y recuerden que cada miembro, desde el momento en que entran en la iglesia a través del bautismo o la profesión de fe, se convierte en un misionero encargado de avanzar en el crecimiento del reino de Dios.

Es para este propósito que le ofrecemos este Manual de Estudio, llamado: «*Verdades Simples y Esenciales*».

Se sugiere la siguiente estrategia:

El Pastor de la Iglesia o el Director del Departamento de Ministerios Personales o el Primer Anciano, de acuerdo con el Comité de la Iglesia, llama a voluntarios para la evangelización personal.

Este número de voluntarios será fijo o se determinará en función del número de miembros de la congregación en cuestión, teniendo en cuenta el objetivo de los bautismos propuestos por la Misión o la Federación (*Conferencia*) de la que forma parte dicha congregación.

Tan pronto como se complete la lista de voluntarios, se organizará para ellos un curso de actualización. Los voluntarios se dedicarán con diligencia a una breve sesión de aprendizaje. Primero, los preliminares #1 y #2, luego la serie de estudio real. Esta serie cubrirá la presentación de siete temas clave, en la medida de lo posible, durante varios días consecutivos.

Estos estudios serán compartidos por los voluntarios, a su vez, con dos personas de su elección entre padres, hijos, aliados, amigos, compañeros de trabajo, vecinos, etc. Cada presentación tendrá una duración de 15 a 30 minutos y se realizará con la frecuencia que acuerden las partes.

Una vez que los Voluntarios hayan estudiado los siete temas (Fe, Biblia, Sábado, Estado de los Muertos, Régimen de Salud, La Cena del Señor, Ejercicios de Fidelidad) con las dos personas de su elección, los dirigirán hacia la celebración de tres días consecutivos de decisiones o refuerzo de decisiones. Luego será el bautismo o una ceremonia de recepción de los miembros por profesión de fe. ¿No es maravilloso?

En Testimonios del vol. 6, pp. 305, 306 o en 'Servicios Cristianos' p. 328, notamos este pensamiento de la pluma de la hermana Ellen G. White, «Todos los que se entregan a Dios en servicio desinteresado a la humanidad están en comunión con el Señor de la gloria. Este pensamiento suaviza el esfuerzo, fortalece la voluntad, revive el espíritu en cualquier circunstancia».

Ganemos almas para el cielo, y de acuerdo con el Siervo del Señor, trabajemos por una corona incrustada de estrellas que pronto pondremos a los pies de Jesús. ¡Amén!

Canciones sugeridas:

1. 541 (H&L) Voluntarios al combate
2. 530 (H&L) Levántate voluntariamente para las grandes peleas
3. 537 (H&L) Entreguen sus armas, ¡voluntarios!
4. Llamados para ser soldados

Ya que las otras canciones están en nuestra colección oficial de Himnos y Alabanzas, te doy el bono de la 4ª canción:

Coro
Llamados para ser soldados del ejército del Señor,
llamados a combatir las tinieblas de este mundo malo,
llamados para ser soldados fieles y verdaderos;
éste es el deber de un soldado real.

1-
Al aceptar el Nombre de Jesús te unes a Su ejército,
tendrás que estar listo pronto a batallar,
llevando en serio tu entrenamiento
pues enfrentarás al diablo, tu real enemigo.

2-
Vístete con la armadura del Dios vivo,
con la espada del espíritu y la coraza de la justicia,
el escudo de fe y el yelmo de la salvación,
firmes en la Palabra siempre en súplica y oración.

3-
No luchamos contra carne ni sangre,
más principados y poderes, y autoridades del mundo.
No es por nuestra fuerza, ni por el poder;
más por el Espíritu Santo por nosotros peleará.

PRELIMINAR #1

- Tipos de oración
- Conocer el origen de los libros de la Biblia. Del mismo modo, para aquellos que estén interesados, conocer el número de capítulos de cada libro.
- Aprender a responder preguntas relacionadas con la Biblia, como Jesús, a través de uno o más textos bíblicos. Marcos 2:25; Lucas 24:27
- Que las personas que has elegido (las dos) para los siete temas clave sepan que esto no es todo, pero es suficiente para que se comprometan con Cristo y reciban el bautismo.

Tipos de oración:

Para los cristianos, rezar significa: «pedir fervientemente, rogar, incluso mendigar». Rezar es una invocación o un acto que busca activar una relación, una comunión con Dios. Deberíamos aprender a rezar así como Jesús enseñó a sus discípulos a rezar en Lucas 11: 1–13.

Los tipos de oración más comunes son: Invocación, Intercesión y Bendición.

Una oración de invocación es una petición de la presencia espiritual y la bendición de Dios en la apertura de una ceremonia o evento, pidiéndole que escuche las oraciones de petición que se le ofrecen.

La oración de intercesión es el acto de rezar en nombre de otros o en favor de otros. Un maravilloso modelo de oración de intercesión se encuentra en Daniel 9. La siguiente es sólo una lista parcial de aquellos por los que debemos ofrecer oraciones de intercesión: todos aquellos en posiciones de autoridad (pública y religiosa) (Timoteo 1 2:2), ministros (Filipenses 1:19), amigos (Jacob 42:8), compatriotas (Romanos 10:1), enfermos (Santiago 5:14), enemigos (Jeremías 29:7), los que nos persiguen (Mateo 5:44), los que nos abandonan (Timoteo 2 4:16), y todos los hombres (Timoteo 1 2:1).

La oración de bendición se dice generalmente: 1) al final de un servicio de culto, Núm. 6: 24 a 27; 2 Cor. 13: 14; Heb. 13: 20, 21; 1 Tes. 5: 23, 24; Rom. 15: 33; 2) en los emblemas de la Cena del Señor, Mat. 26: 26–30; 3) en las casas y otras propiedades, 1 Reyes 8: 26–28.

Los libros de la Biblia

El Antiguo Testamento

El Antiguo Testamento es la primera parte de la Biblia en la mayoría de las obras de este tipo. El nombre representa la promesa original de Dios (especialmente a los descendientes de Abraham) antes de la venida de Jesucristo en el Nuevo Testamento (o la Nueva Promesa). El Antiguo Testamento contiene la creación del universo, la historia de los patriarcas, el éxodo de Egipto, la formación de Israel como nación, la subsiguiente decadencia y caída de la nación, los profetas (que hablaron en nombre de Dios) y los Libros de la Sabiduría.

1. **Génesis: 50 capítulos.** El Génesis habla de los inicios y es fundamental para entender el resto de la Biblia. Es un libro eminentemente centrado en las relaciones, destacando las que existen entre Dios y su creación, entre Dios y la humanidad, y entre los seres humanos.
2. **Éxodo: 40 capítulos.** El Éxodo describe la historia de los israelitas que dejaron Egipto después de la esclavitud. El libro establece una teología fundamental en la que Dios revela su nombre, sus atributos, su redención, su ley y cómo debe ser adorado.
3. **Levítico: 27 capítulos**. Levítico toma su nombre de la Septuaginta (la traducción griega precristiana del Antiguo Testamento) y significa «sobre los levitas» (los sacerdotes de Israel). Sirve como un manual de regulaciones para que el Santo Rey establezca su trono terrenal entre la gente de Su reino. Este libro explica cómo los sacerdotes, levitas y el pueblo deben comportarse como una nación santa y cómo deben adorar a Dios de manera santa.

> *El Antiguo Testamento es la primera parte de la Biblia en la mayoría de las obras de este tipo. El nombre representa la promesa original de Dios (especialmente a los descendientes de Abraham) antes de la venida de Jesucristo en el Nuevo Testamento (o la Nueva Promesa).*

4. **Números: 36 capítulos.** Números cuenta la historia del viaje de Israel desde el Monte Sinaí hasta las llanuras de Moab en la frontera de Canaán. El libro registra el murmullo y la rebelión del pueblo de Dios y su posterior juicio.

5. **Deuteronomio: 34 capítulos**. El Deuteronomio («segunda declaración de la Ley») sirve como un recordatorio al pueblo de Dios sobre su pacto. El libro representa una «pausa» antes de que la conquista de la Tierra Prometida comience bajo el liderazgo de Josué. El libro es también un recordatorio de las demandas de servir a la voluntad de Dios.
6. **Josué: 24 capítulos**. Josué es una historia de conquista y cumplimiento por parte del pueblo de Dios. Después de muchos años de esclavitud en Egipto y 40 años en el desierto, a los israelitas se les permitió finalmente entrar en la tierra prometida por sus padres.
7. **Jueces: 21 capítulos**. El libro de los jueces describe la vida de Israel en la Tierra Prometida desde la muerte de Josué hasta el surgimiento de la monarquía. Cuenta las urgentes llamadas a Dios por parte del pueblo en tiempos de crisis y apostasía, que hicieron necesario el oficio de los Jueces levantados por el Señor. A través de ellos, el Señor derriba a los opresores extranjeros y restaura la paz en el país.
8. **Ruth: 4 capítulos**. El libro de Ruth ha sido descrito como uno de los mejores ejemplos de una historia corta jamás escrita. Presenta la historia de un remanente que mantiene la fe verdadera y la piedad en el tiempo de los jueces a través del hundimiento y la restauración de Noemí y su nuera Ruth (antepasada del Rey David y Jesús).
9. **1 Samuel: 31 capítulos**. 1 Samuel cuenta la historia del establecimiento por parte de Dios de un sistema político en Israel liderado por un rey humano. A través de la vida de Samuel vemos el surgimiento de la monarquía y la tragedia de su primer rey, Saúl.
10. **2 Samuel: 24 capítulos**. Después del fracaso del rey Saúl, en 1 Samuel, 2 Samuel retrata a David como un verdadero (aunque imperfecto) representante del rey teocrático ideal. Durante el reinado de David, el Señor hizo prosperar a la nación, derrotó a sus enemigos y cumplió sus promesas.

11. **1 Reyes: 22 capítulos**. 1 Reyes continúa la historia de la monarquía en Israel y la participación de Dios a través de los profetas. Después de David, su hijo Salomón asciende al trono de un reino unido, pero esta unidad sólo dura durante su reinado. El libro explora cómo cada rey subsiguiente en Israel y Judá responden o no al llamado de Dios como sucede a menudo.
12. **2 Reyes: 25 capítulos**. 2 Reyes continúa con el relato histórico de Judá e Israel. Los reyes de cada nación son juzgados a la luz de su obediencia al pacto con Dios. Al final, los pueblos de ambas naciones son llevados al exilio por su desobediencia.
13. **1 Crónicas: 22 capítulos**. Así como el autor de los Libros de los Reyes había organizado e interpretado la historia de Israel para satisfacer las necesidades de la comunidad exiliada, el autor de 1 Crónicas escribió otra historia para la comunidad restaurada.
14. **2 Crónicas: 36 capítulos**. En 2 Crónicas, continúa el relato de la historia de Israel con la mirada puesta en la restauración de los que habían regresado del exilio.
15. **Esdras: 10 capítulos**. El libro de Esdras cuenta cómo el pueblo del pacto de Dios fue restaurado desde el exilio babilónico a la tierra del pacto como una comunidad teocrática (reino de Dios), incluso mientras continuaba bajo un gobierno extranjero.
16. **Nehemías: 13 capítulos**. Relacionado con el libro de Esdras, Nehemías relata el regreso de este «copero del rey» y los desafíos que él y los demás israelitas enfrentan en su patria restaurada.
17. **Ester: 10 capítulos**. El libro de Ester informa de la institución de la fiesta anual de Purim a través del relato histórico de Ester, una muchacha judía que se convierte en reina de Persia y salva a su pueblo de la destrucción.
18. **Job: 42 capítulos**. A través de una serie de monólogos, el libro de Job relata la historia de un hombre justo que sufre en circunstancias terribles. Las profundas ideas del libro, sus estructuras literarias y la calidad de su retórica muestran el genio del autor.

19. **Salmos: 150 capítulos.** Los Salmos son colecciones de canciones y poemas, divididos en cinco libros, que representan siglos de alabanzas y oraciones a Dios sobre una serie de temas y circunstancias. Los Salmos son vivos, concretos y llenos de emoción; son ricos en imágenes, comparaciones y metáforas.
20. **Proverbios: 31 capítulos.** Los proverbios fueron escritos para dar «prudencia al simple, conocimiento y discreción al joven», para hacer al sabio aún más sabio. Las frecuentes referencias a «mi hijo» hacen hincapié en la instrucción de los jóvenes, guiándolos hacia un modo de vida que produce resultados gratificantes.
21. **Eclesiastés: 12 capítulos.** El autor de Eclesiastés pone su poder de sabiduría al servicio del examen de la experiencia humana y de la evaluación de la situación de la humanidad. Su punto de vista se limita a lo que está sucediendo «bajo el sol» (como es el caso de todos los maestros humanos).
22. **Cantar de los Cantares: 8 capítulos.** En el antiguo Israel, todo en la vida del hombre pasaba por la expresión de palabras: reverencia, gratitud, ira, dolor, sufrimiento, confianza, amistad, compromiso. En el Cantar de Salomón encontramos el amor expresado en palabras inspiradas que revelan su exquisito encanto y belleza como uno de los más excelentes regalos de Dios.
23. **Isaías: 66 capítulos.** Isaías, hijo de las palabras, es a menudo considerado el más grande de los profetas de las Sagradas Escrituras. Su nombre significa «El Señor salva». Isaías es un libro que revela todas las dimensiones del juicio y la salvación de Dios.
24. **Jeremías: 52 capítulos.** Este libro conserva un relato del ministerio profético de Jeremías, cuya vida personal y luchas se nos muestran con mucha más profundidad y detalle que las de cualquier otro profeta del Antiguo Testamento.
25. **Lamentaciones: 5 capítulos**. Las Lamentaciones, como su nombre lo indica, consiste en una serie de poéticas y poderosas lamentaciones sobre la destrucción de Jerusalén (la verdadera ciudad del reino del Señor) en 586 AC.

26. **Ezequiel: 48 capítulos.** El Antiguo Testamento en general y los profetas en particular presuponen y enseñan la soberanía de Dios sobre toda la creación y el curso de la historia. En ningún lugar de la Biblia la iniciativa y el control de Dios se expresa más clara y ampliamente que en el libro del profeta Ezequiel.
27. **Daniel: 12 capítulos.** El libro de Daniel resume los grandes acontecimientos de la vida del profeta Daniel durante el exilio de Israel. Su vida y sus visiones subrayan los planes de redención y el control soberano de Dios sobre la historia.
28. **Oseas: 14 capítulos.** El profeta Oseas, hijo de Beeri, vivió en los últimos días trágicos del reino del norte. Su vida sirvió como una parábola de la fidelidad de Dios a un pueblo infiel de Israel.
29. **Joel: 3 capítulos.** El profeta Joel advirtió al pueblo de Judea sobre el juicio venidero de Dios y la futura restauración y bendición que vendrá a través del arrepentimiento.
30. **Amós: 9 capítulos.** Amós profetizó durante los reinados de Ozías sobre Judea (792–740 A.C.) y Jeroboam II sobre Israel (793–753).
31. **Abdías: 1 capítulo.** El profeta Abdías advirtió al orgulloso pueblo de Edom sobre el inminente juicio que le esperaba.
32. **Jonás: 4 capítulos.** Jonás sorprende como un libro profético en el sentido de que es un relato narrativo de la misión de Jonás a la ciudad de Nínive, su resistencia, su encarcelamiento en un gran pez, su visita a la ciudad, y el resultado que siguió.
33. **Miqueas: 7 capítulos.** Miqueas profetizó entre el 750 y el 686 A.C. durante los reinados de Jotham, Acaz y Ezequías, reyes de Judea. Israel estaba en un estado de apostasía. Miqueas predijo la caída de su capital, Samaria, y también la inevitable desolación de Judea.
34. **Nahum: 3 capítulos.** El libro contiene la «visión de Nahum», cuyo nombre significa «comodidad». El punto focal de todo el libro es el juicio del Señor sobre Nínive por su opresión, crueldad, idolatría y maldad.
35. **Habacuc: 3 capítulos.** Se sabe muy poco sobre Habacuc, sólo se le recuerda como un contemporáneo de Jeremías y un hombre de

fuerte fe. El libro que lleva su nombre contiene un diálogo entre el profeta y Dios sobre la injusticia y el sufrimiento.
36. **Sofonías: 3 capítulos**. El profeta Sofonías era obviamente una persona de considerable posición social en Judea y probablemente provenía de un linaje real. La intención del autor era anunciar a Judea la inminencia del juicio de Dios.
37. **Hageo: 2 capítulos**. Hageo fue un profeta que, junto con Zacarías, animó a los exiliados que regresaban a reconstruir el templo. Sus profecías muestran claramente las consecuencias de la desobediencia. Cuando el pueblo da prioridad a Dios y a su templo, es bendecido.
38. **Zacarías: 14 capítulos**. Como Jeremías y Ezequiel, Zacarías no sólo era un profeta, sino también un miembro de una familia sacerdotal. El propósito principal de Zacarías (y Hageo) era reprender al pueblo de Judea, para animar y motivarles a completar la reconstrucción del templo.
39. **Malaquías: 4 capítulos**. Malaquías, cuyo nombre significa «mi mensajero», se dirigió a los israelitas después de su regreso del exilio. El mensaje teológico del libro se puede resumir en una frase: el Gran Rey no sólo vendrá a juzgar a su pueblo, sino también a bendecirlo y restaurarlo.

Y «Ahora el Nuevo Testamento».

El Nuevo Testamento es una colección de 27 libros, normalmente colocados después del Antiguo Testamento en la mayoría de las Biblias cristianas. El nombre se refiere al nuevo pacto (o promesa) entre Dios y la humanidad a través de la muerte y la resurrección de Jesucristo. El Nuevo Testamento relata la vida y el ministerio de Jesús, el crecimiento y el impacto de la iglesia primitiva, y cartas instructivas a las iglesias primitivas.

1. **Mateo: 28 capítulos**. El principal propósito de Mateo al escribir su Evangelio (la «buena noticia») es demostrar a sus lectores judíos

que Jesús es su Mesías. Lo hace principalmente mostrando cómo Jesús, a través de su vida y ministerio, cumplió las Escrituras del Antiguo Testamento.

2. **Marcos: 16 capítulos.** Como el Evangelio de Marcos (la «buena noticia») se asocia tradicionalmente con Roma, puede haber sido causado por las persecuciones de la iglesia romana en el período A.C. 64–67. Marcos puede haber escrito para preparar a sus lectores para tal sufrimiento poniendo la vida de nuestro Señor ante ellos.

3. **Lucas: 24 capítulos.** El Evangelio de Lucas (la «buena noticia») fue escrito para fortalecer la fe de todos los creyentes y para responder a los ataques de los incrédulos. Se presentó para desmitificar ciertos relatos infundados reportados sobre Jesús que no tenían nada que ver con él. Lucas quería mostrar que el lugar del cristiano gentil (pagano o no judío) en el reino de Dios se basa en las enseñanzas de Jesús.

> *El Nuevo Testamento es una colección de 27 libros, normalmente colocados después del Antiguo Testamento en la mayoría de las Biblias cristianas. El nombre se refiere al nuevo pacto (o promesa) entre Dios y la humanidad a través de la muerte y la resurrección de Jesucristo.*

4. **Juan: 21 capítulos.** El Evangelio de Juan (la «buena noticia») es bastante diferente de los otros tres. Destaca los eventos que no se detallan en los otros. El propio autor expone claramente su propósito principal en el 20:31: «para que creáis que Jesús es el Cristo, el Hijo de Dios, y que al creer que podéis tener vida en su nombre».

5. **Actas: 28 capítulos.** El libro de los Actas establece un puente entre los escritos del Nuevo Testamento y los Evangelios. Se presenta como un segundo volumen del Evangelio de Lucas. Conecta lo que Jesús «comenzó a hacer y enseñar» como se relata en los

Evangelios con lo que continuó haciendo y enseñando a través de la predicación de los apóstoles y el establecimiento de la Iglesia.

6. **Romanos: 16 capítulos**. El tema principal de Pablo en la Epístola a los Romanos es la presentación del Evangelio (la «buena noticia»), el plan de Dios de salvación y justicia para toda la humanidad, judía y no judía.

7. **1 Corintios: 16 capítulos**. La primera carta a los Corintios gira en torno al tema de los problemas de la conducta cristiana en la iglesia. Se trata de la santificación progresiva, el desarrollo continuo de un carácter santo. Por supuesto, Pablo estaba personalmente preocupado por los problemas de los Corintios, demostrando el corazón de un verdadero pastor.

8. **2 Corintios: 13 capítulos**. Debido a la ocasión que motivó la redacción de esta carta, Pablo tenía varios objetivos en mente: expresar el consuelo y la alegría que sentía porque los corintios habían respondido favorablemente a su conmovedora carta cuando les contó los problemas que había pasado en la provincia de Asia; y explicarles la verdadera naturaleza (las alegrías, los sufrimientos y las recompensas) y la alta vocación del ministerio cristiano.

9. **Gálatas: 6 capítulos**. Los gálatas son una elocuente y vigorosa apologética de la verdad esencial del Nuevo Testamento: que las personas son justificadas por la fe en Jesucristo, ni más ni menos, y que son santificadas no por las obras legalistas, sino por la obediencia que proviene de la fe en la obra de Dios para ellas.

10. **Efesios: 6 capítulos**. A diferencia de muchas otras cartas de Pablo, la Epístola a los Efesios no trata de ningún error o herejía en particular. Pablo escribió para ampliar los horizontes de sus lectores, para que pudieran entender mejor las dimensiones del propósito eterno y la gracia de Dios y llegar a apreciar los altos propósitos que Dios tiene para la iglesia.

11. **Filipenses: 4 capítulos**. El principal propósito de Pablo al escribir esta carta fue agradecer a los filipenses el regalo que le enviaron cuando se enteraron de que estaba detenido en Roma. Sin

embargo, aprovecha esta oportunidad para tocar varios otros puntos: (1) para dar cuenta de su propia situación; (2) para animar a los filipenses a mantenerse firmes frente a la persecución y a regocijarse, cualesquiera que sean las circunstancias; y (3) para instarles a la humildad y a la unidad.

12. **Colosenses: 4 capítulos**. El objetivo de Pablo es refutar la herejía colosal. Para lograr este objetivo, exalta a Cristo como la imagen misma de Dios, el Creador, el sostenedor preexistente de todas las cosas, la Cabeza de la Iglesia, el primer resucitado, la plenitud de la divinidad (Dios) en forma corporal, y el reconciliador.

13. **1 Tesalonicenses: 5 capítulos**. Aunque la orientación de la carta es variada, el tema de la escatología (doctrina de las últimas cosas) parece predominar en ambas cartas a los Tesalonicenses. Cada capítulo de 1 Tesalonicenses termina con una referencia a la Segunda Venida de Cristo.

14. **2 Tesalonicenses: 3 capítulos**. Dado que la situación en la iglesia Tesalónica sólo ha cambiado significativamente, el propósito de Pablo al escribir esta carta es el mismo que en su primera carta. Escribe (1) para animar a los creyentes perseguidos, (2) para corregir un malentendido sobre el regreso del Señor, y (3) para exhortar a los tesalonicenses a ser firmes y a trabajar por su pan de cada día.

15. **1 Timoteo: 6 capítulos**. En su cuarto viaje misionero, Pablo le había pedido a Timoteo que cuidara la iglesia de Éfeso mientras él iba a Macedonia. Cuando se dio cuenta de que no podría volver a Éfeso en un futuro próximo, escribió esta primera carta a Timoteo para detallar la misión que había confiado a su joven asistente. Ésta es la primera de las «Epístolas Pastorales».

16. **2 Timoteo: 4 capítulos**. Pablo se preocupaba por el bienestar de las iglesias en este tiempo de persecución bajo Nerón, y exhortó a Timoteo a guardar el evangelio, perseverar en él, continuar predicándolo, y si es necesario sufrir por ello. Ésta es la segunda «Epístola Pastoral».

17. **Tito: 3 capítulos**. Aparentemente Pablo introdujo el cristianismo en Creta cuando visitó con Tito la isla. Después dejó a Tito allí para organizar a los conversos. Pablo envió la carta a Zenas y Apolos, que estaban en un viaje a un lugar que les obligaba a cruzar Creta, para dar a Tito permiso personal y consejos sobre cómo contrarrestar la oposición, instrucciones sobre la fe y la conducta, y advertencias sobre los falsos maestros. Ésta es la última de las «Epístolas Pastorales».

18. **Filemón: 1 capítulo**. Para conseguir que Filemón acepte voluntariamente el regreso del esclavo fugitivo Onésimo a su servicio, Pablo le escribe con gran tacto y un tono claro, una carta en la que utiliza muchos juegos de palabras. Su petición se organiza de la manera prescrita por los antiguos maestros griegos y romanos: estableciendo relaciones, persuadiendo la mente y tocando las emociones.

19. **Hebreos: 13 capítulos**. El tema de los hebreos es la supremacía absoluta y la soberanía de Jesucristo como revelador y mediador de la gracia de Dios. Una característica sorprendente de esta presentación del Evangelio es la forma única en que el autor expone ocho pasajes específicos de las Escrituras del Antiguo Testamento.

20. **Santiago: 5 capítulos**. Las características presentes en la carta son: (1) un trasfondo judío incuestionable; (2) un énfasis en el cristianismo vital, caracterizado por las buenas obras y una fe que funciona (la fe auténtica debe y será acompañada por una forma de vida coherente); (3) su organización es simple; (4) y es evidente la familiaridad del autor con las enseñanzas de Jesús, que han llegado a nosotros a través del Sermón de la Montaña.

21. **1 Pedro: 5 capítulos**. Aunque 1 Pedro es una carta corta, toca varias doctrinas y tiene mucho que decir sobre la vida y los deberes cristianos. No es sorprendente que muchos lectores descubrieran que tenía diferentes temas principales. Por ejemplo, la epístola se caracterizó como una carta de separación, sufrimiento

y persecución, sufrimiento y gloria, esperanza, peregrinaje, coraje y como una carta que trata de la verdadera gracia de Dios.

22. **2 Pedro: 3 capítulos**. En su primera carta Pedro alimenta a los corderos de Cristo mostrándoles cómo hacer frente a la persecución que viene de fuera de la iglesia; en esta segunda carta les enseña a evitar a los falsos profetas (maestros) y malhechores que han entrado en la iglesia.

23. **1 Juan: 5 capítulos**. Los lectores de Juan se enfrentaron a una forma temprana de enseñanza gnóstica de la variedad cerintiana. Esta herejía también era libertinaje, rechazando cualquier restricción moral. Por lo tanto, Juan escribió esta carta con dos objetivos fundamentales en mente: (1) para denunciar a los falsos maestros y (2) para dar a los creyentes la seguridad de la salvación.

24. **2 Juan: 1 capítulo**. Durante los dos primeros siglos, el Evangelio fue predicado de un lugar a otro por evangelistas (maestros) ambulantes. Los creyentes solían alojar a estos misioneros en sus casas y les daban provisiones de comida para su viaje cuando partían. Como los maestros gnósticos también usaban esta práctica, 2 Juan escribió a los creyentes para que disciernan en su apoyo a los doctores (maestros) ambulantes.

25. **3 Juan: 1 capítulo**. Los doctores (maestros) ambulantes enviados por Juan fueron rechazados en una de las iglesias de la provincia de Asia por un líder dictatorial, Diótrefes. Este último incluso excomulgó a los miembros que practicaban la hospitalidad hacia los mensajeros enviados por Juan. Juan escribió esta carta para felicitar a Gayo por apoyar a los doctores (maestros) advirtiendo indirectamente a Diótrefes.

26. **Judas: 1 capítulo**. Aunque Judas estaba muy ansioso por escribir a sus lectores sobre la salvación, sentía que debía advertirles sobre la presencia de ciertos hombres inmorales que circulaban entre ellos. Éstos estaban pervirtiendo la gracia de Dios. Aparentemente, estos falsos maestros trataban de convencer a los creyentes de que ser salvados por gracia les daba permiso para seguir

pecando sin temor o titubeo porque sus pecados ya no se mantendrían en su contra.
27. **Apocalipsis: 22 capítulos**. Juan escribe para animar a los fieles creyentes a resistir firmemente las demandas de adoración al emperador. Informa a sus lectores que la prueba final de fuerza entre Dios y Satanás es inminente. Satanás aumentará su persecución a los creyentes, pero deben mantenerse firmes, incluso hasta la muerte. Están sellados contra todo mal espiritual y pronto serán justificados cuando Cristo regrese, cuando los malvados sean destruidos para siempre y cuando el pueblo de Dios entre en la eternidad de la gloria y la felicidad.

PRELIMINAR #2

Técnicas simples y esenciales para presentar un estudio bíblico

En su libro *Cómo preparar y realizar un estudio bíblico* (1999), actualizado para Predicadores, Pastores y Laicos, el Dr. Enoch Saintil menciona 10 puntos de los cuales elegimos los más relevantes que repetimos aquí con ligeras modificaciones:

1. Para estar interesado en el mandato de Mateo 28:18–20
2. Participar en una ofrenda de oración para la preparación personal
3. Dedicarse al estudio de la Biblia
4. Dedicarse a un trabajo diligente por Cristo
5. Cultivar y mantener una verdadera pasión por las almas
6. Mostrar amabilidad incluso ante amenazas o ataques de otros
7. Nunca te desanimes

Pasos a seguir

Encuentra a las dos personas con las que vas a estudiar.

Elige el día y la hora de la reunión.

Los saludos habituales – Espera a que te inviten a entrar y a sentarte. En nuestro caso (Covid-19), si la reunión es por teléfono, espera a que la persona responda y diga que está lista para participar en el estudio del día. Si la reunión es en tu casa, busca un lugar tranquilo donde se pueda evitar las distracciones.

Anuncia el tema del día.

Di una oración de invocación.

Comienza el estudio real.

Informa al estudiante de la Biblia el tema a estudiar en el próximo encuentro.

Oración final y separación. Tan pronto como el estudio termine, sin más conversación, haz una oración de bendición o, si las circunstancias lo requieren, una oración de intercesión y despídete del estudiante de la Biblia. Bajo ninguna circunstancia aceptes participar en ninguna forma de entretenimiento, así como tampoco comer o beber.

VERDADES SIMPLES Y ESENCIALES #1 – 2020

PREPARADO POR PASTOR OTHNEL PIERRE

LA FE

La Fe es «pistis» en griego. Esta palabra también se traduce como «creencia». Más de setenta versos han sido enumerados en el NT hablando de la Fe. La Fe Auténtica es importante en la vida de un cristiano, si aspira a ir al cielo.

La Fe Auténtica es importante en la vida de un cristiano, si aspira a ir al cielo.

¿Qué es la Fe?

Hebreos 11:1, Es, pues, la fe la certeza de lo que se espera, la convicción de lo que no se ve.

Origen de la Fe:

Romanos 10:17, Así que la fe es por el oír, y el oír, por la palabra de Dios.

La Fe da frutos

a) Perseverancia / Paciencia, **Santiago 1:3**, la prueba de tu fe produce paciencia.

b) Visión de la gloria de Dios, **Juan. 11:40**, Jesús le dijo: ¿No te dije que si crees verás la gloria de Dios?

El único fundamento del Cristianismo

a) Vivir por la Fe, **2 Corintios 5:7**. Caminamos por la fe, no por la vista, Rom. 1:17. Porque en el evangelio la justicia de Dios se revela por fe y para fe, como está escrito: Mas el justo por la fe vivirá.
b) La Fe es la clave, **Hebreos 11:6**. Pero sin fe es imposible agradar a Dios; porque es necesario que el que se acerca a Dios crea que le hay, y que es galardonador de los que le buscan.

La Fe debe ir acompañada de la acción

a) Para mantenerla viva, **Santiago 2:17**. Así es con la fe: si no tiene las obras, está muerta en sí misma.
b) Para la verificación, **Marcos 16:16**. El que crea y sea bautizado se salvará, pero el que no crea será condenado.
c) Para salvar tu alma, **Hebreos 10:38, 39**. 38 Mi justo vivirá por la fe; pero si se retira, mi alma no se complace en él. 39 No somos de los que se retiran para perderse, sino de los que tienen fe para salvar sus almas.

La Fe te hace un hijo de Dios

Juan 1:12, 13. Mas a todos los que le recibieron, a los que creen en su nombre, les dio potestad de ser hechos hijos de Dios; 13 los cuales no son engendrados de sangre, ni de voluntad de carne, ni de voluntad de varón, sino de Dios.

La Fe te da la seguridad del cielo

2 Timoteo 4:7, 8. He peleado la buena batalla, he terminado la carrera, he mantenido la fe. 8 Desde ahora me está reservada la corona de la justicia. El Señor, el justo Juez, me la dará en ese día, y no sólo a mí, sino a todos los que han amado su venida.

Preguntas:

1. ¿Tienes Fe en Dios?
2. ¿Es importante tener Fe en Dios?
3. ¿Qué tienes que hacer para demostrar a todos que tienes fe en Dios?

VERDADES SIMPLES Y ESENCIALES #2 – 2020
PREPARADO POR EL PASTOR OTHNEL PIERRE

LA BIBLIA

La Biblia es un libro sagrado, el mensaje de Dios en dos Testamentos, el Antiguo y el Nuevo, para la salvación de la humanidad. Fue escrita por personas de diferentes orígenes durante un período de quince siglos. Las palabras no están inspiradas, es el mensaje el que está inspirado. El Espíritu Santo se asegura de que el mensaje celestial no sea alterado, degradado o contaminado.

1. Presta atención a la Palabra

a. **Proverbios 4:20, 21**. Hijo mío, escucha mis palabras, Escucha mis discursos. 21 Que no se aparten de tus ojos, guárdalos en el fondo de tu corazón.

b. **2 Pedro 1:19–21**. Estamos más seguros de la palabra profética, a la que hacéis bien en prestar atención, como a una lámpara que brilla en un lugar oscuro, hasta que amanezca y el lucero de la mañana se levante en vuestros corazones; 20 Sabiendo en primer lugar que ninguna profecía de la Escritura debe ser interpretada de manera particular, 21 porque no fue por voluntad humana que una profecía se produjo, sino que fue impulsada por el Espíritu Santo que los hombres hablaron de Dios.

2. La palabra del Señor es irreprochable

a. **Proverbios 30:5.** Cada palabra de Dios es probada. Es un escudo para los que se refugian en él.

b. **2 Samuel 22:31**. Los caminos de Dios son perfectos, la palabra del Señor es probada; él es un escudo para todos los que confían en él.

c. **Salmo 119:160**. El fundamento de tu palabra es la verdad, y todas las leyes de tu justicia son eternas.

d. **Salmos 19:7**. La ley del Señor es perfecta, restaura el alma; el testimonio del Señor es verdadero, hace sabio al ignorante.

3. La palabra del Señor es eterna

a. **Mateo 5:18**. De cierto os digo que hasta que pasen el cielo y la tierra, ni una jota ni una tilde pasará de la ley, hasta que todo se cumpla.

b. **1 Pedro 1:23**. Habéis sido regenerados, no por una simiente corruptible, sino por una incorruptible, por la palabra viva y permanente de Dios.

4. Ventajas de la palabra del Señor

a. **2 Timoteo 3:16, 17**. Toda la Escritura es inspirada por Dios, y útil para enseñar, para corregir, para reprender, para instruir en justicia, 17 a fin de que el hombre de Dios sea completo y apto para toda buena obra.
b. **Juan 15:7**. Si permanecéis en mí, y mis palabras permanecen en vosotros, pedid lo que queráis, y os será concedido.
c. **Salmos 119:11**. Guardo tu palabra en mi corazón, para no pecar contra ti.
d. **Juan 5:39**. Escudriñáis las Escrituras, porque pensáis que tenéis en ellas la vida eterna; ellas son las que dan testimonio de mí.

5. La obediencia a la Palabra del Señor es primordial

a. **Job. 23:12**. No he abandonado los mandamientos de sus labios; he hecho mi voluntad de doblarme a las palabras de su boca.
b. **Hechos 2:41**. Los que aceptaron su palabra fueron bautizados, y ese día el número de discípulos aumentó en unas tres mil almas.

Preguntas:

1. ¿La Biblia te dice qué hacer para tener vida eterna?
2. ¿Puedes convertirte en una mejor persona simplemente practicando las instrucciones de la Biblia?
3. ¿Es bueno conocer las enseñanzas de la Biblia?

VERDADES SIMPLES Y ESENCIALES #3 – 2020

PREPARADO POR EL PASTOR OTHNEL PIERRE

EL SÁBADO

En la Biblia, hemos descubierto más de 15 versos que hablan del día de descanso o el día de reposo. El Sábado tiene una duración de 24 horas, una tarde y una mañana, como en Génesis 1:5. Comienza el viernes al atardecer y termina el sábado al atardecer. Sólo el pueblo de Dios obedece la voz del Señor. En los versículos que veremos, observaremos lo que el Señor le pide a su pueblo que haga en el día de la adoración. Todos aquellos que quieran ser parte del pueblo de Dios seguirán el ejemplo del Señor.

Todos aquellos que quieran ser parte del pueblo de Dios seguirán el ejemplo del Señor.

Institución del Sábado

a. **Génesis 2:3**. Dios bendijo el séptimo día y lo santificó, porque en ese día descansó de todo su trabajo que había creado al hacerlo.

b. **Éxodo 20:8–11**. Recuerden el día de descanso, para santificarlo. 9 Seis días trabajarás y harás toda tu obra. 10 Pero el séptimo día es el día de reposo del Señor tu Dios: no harás ninguna obra, tú, ni tu hijo, ni tu hija, ni tu siervo, ni tu criada, ni tu bestia, ni tu extranjero que está dentro de tus puertas. 11 Porque en seis días hizo el Señor los cielos y la tierra, el mar y todo lo que hay en ellos, y descansó en el séptimo día; por tanto, el Señor bendijo el día de descanso y lo hizo santo. (En el folleto de la Escuela Sabática "Cómo interpretar las Escrituras" segundo trimestre de 2020, el Dr. Elías de Souza afirma: "El séptimo día sábado está bajo un fuerte ataque en la sociedad secularizada y en las comunidades religiosas". El mandamiento del Sábado es la base de la adoración al Creador. Apocalipsis 14:7, los eventos de los últimos días girarán en torno a este tema, la adoración).

c. **Marcos 2:27, 28**. Y les dijo: El sábado fue hecho para el hombre, y no el hombre para el sábado, 28 de modo que el Hijo del Hombre es Señor incluso del sábado. (El Sábado fue hecho para el bien y el deleite del hombre. El sábado no era sólo para el pueblo hebreo, sino para toda la humanidad).

El Sábado: Signo de Dios y Delicias del Hombre

a. **Ezequiel 20:19–20**. Yo soy el Señor tu Dios. Sigue mis preceptos, guarda mis ordenanzas y cúmplelas. 20 Santifica mis sábados y que sean una señal entre tú y yo, para que se sepa que yo soy el Señor tu Dios.

b. **Isaías 58:13–14**. Si retienes tu pie en el día de reposo, para no hacer tu voluntad en mi día santo, y haces del día de reposo tu deleite, para santificar al Señor con gloria y honrarlo, para no andar por tus caminos, ni ceder a tus propias codicias y vanas palabras, 14 entonces pondrás tu deleite en el Señor, y yo te haré subir a los lugares altos de la tierra, y te haré gozar de la herencia de Jacob tu padre; porque la boca del Señor lo ha dicho.

El día de descanso de Dios para el pueblo de Dios

a. **Mateo 12:12**. «¡Cuánto más vale un hombre que una oveja! Por lo tanto, es permitido hacer el bien en los días sábados».

b. **Levítico 23:3**. Seis días trabajarán, pero el séptimo día es el sábado, el día de reposo; habrá una santa convocación. No harás ningún trabajo: es el día de reposo del Señor en todas vuestras casas.
c. Hay un día de descanso para el pueblo de Dios. Que ninguno de ustedes parezca haber llegado demasiado tarde. «Demasiado tarde un día en mi puerta, puede que llames en vano». Esto es lo que declara. **Hebreos 4:1, 9–11**. «Temamos, pues, mientras la promesa de entrar en su reposo está por venir, que ninguno de vosotros parezca haber llegado demasiado tarde. Por lo tanto, hay un descanso sabático reservado para el pueblo de Dios. 10 Porque el que entra en el descanso de Dios reposa de sus obras, así como Dios descansó de las suyas. 11 Hagamos un esfuerzo para entrar en este descanso, para que nadie caiga en el mismo ejemplo de desobediencia».

Algunos de los versos que se han usado contra el Sábado:

a. **Romanos 14:5**. Una persona hace una distinción entre los días; otra los considera todos iguales. Que cada uno tenga plena convicción en su mente.
b. **Colosenses 2:16–17**. Nadie os juzgue en cuanto a comer o beber, o en cuanto a la fiesta, o la luna nueva, o los sábados: 17 era una sombra de las cosas por venir, pero el cuerpo está en Cristo.

Estos dos versos no hablan del séptimo día sábado, sino de los sábados ceremoniales. El séptimo día de descanso estaba allí desde la creación, mucho antes de los sábados ceremoniales. Éste último vino después del pecado. Por eso son la sombra de las cosas que vendrán. La sombra se crea bloqueando una fuente de luz. Antes del pecado, no había tal bloqueo.

El séptimo día de descanso estaba allí desde la creación, mucho antes de los sábados ceremoniales.

Algunos de los versos más convincentes sobre el Sábado:

a. **Lucas 4:16**. (Hablando de Jesús) Fue a Nazaret, donde se había criado, y según su costumbre entró en la sinagoga el día sábado. Y se levantó para leer.

b. **Mateo 28:1**. (Este versículo nos permite identificar los días: primero, segundo, tercero, cuarto, quinto, sexto, séptimo). Después del sábado, al amanecer del primer día de la semana, María Magdalena y la otra María fueron a ver la tumba.

c. **Hechos 17:1–4**. Pablo y Silas pasaron por Anfípolis y Apolonia, y llegaron a Tesalónica, donde los judíos tenían una sinagoga. 2 Pablo entró en ella según su costumbre. Habló con ellos tres sábados, discutiendo con ellos según las Escrituras, 3 explicando y estableciendo que Cristo debía sufrir y resucitar de entre los muertos. Y dijo: "Jesús, a quien yo proclamo, es el Cristo. 4 Algunos de ellos fueron persuadidos y se unieron a Pablo y Silas, y a una gran multitud de griegos temerosos de Dios, así como a muchas buenas mujeres.

d. **Éxodo 16: 1–30, El milagro del Maná**. – Es un tipo de árbol del conocimiento del bien y del mal. 1. Y toda la congregación de los hijos de Israel marchó de Elim y llegó al desierto de Sin, que está entre Elim y Sinaí, a los quince días del segundo mes después de que salieron de la tierra de Egipto. 2 Y toda la congregación de los hijos de Israel murmuró en el desierto contra Moisés y Aarón. 3. Y los hijos de Israel le dijeron: "¿Por qué no morimos por la mano del Señor en la tierra de Egipto, cuando nos sentamos junto a las carnicerías, cuando comimos pan en abundancia? ¿Por qué nos has traído a este desierto para matar de hambre a toda esta multitud?". 4 Y el Señor dijo a Moisés: "Mira, haré que llueva pan para ti desde el cielo. Y la gente saldrá y recogerá todo lo que sea necesario <u>día a día, para que yo pueda probarlos, y ver si irán, o no, de acuerdo con mi ley</u>". 5. Y al sexto día, cuando preparen lo que han traído, será el doble de lo que recojan día a día. 6 Y Moisés y Aarón dijeron a todos los hijos de Israel: Esta noche entenderéis que es el SEÑOR quien os ha sacado de la tierra de Egipto. 7 Y por la mañana veréis la gloria del SEÑOR, porque ha oído vuestras murmuraciones contra el SEÑOR; porque, ¿qué somos nosotros, para que murmuréis contra nosotros? 8. Y Moisés dijo: El Señor os dará de comer esta noche y el pan de la mañana en abundancia, porque el Señor ha oído las murmuraciones que habéis pronunciado contra Él; porque, ¿qué somos nosotros? Vuestras murmuraciones no son contra nosotros, sino contra el Señor. 9 Y Moisés dijo a Aarón: Di a toda la congregación de los hijos de Israel: Acérquense ante el Señor, porque Él ha oído vuestras murmuraciones. 10 Y mientras Aarón hablaba con todo el pueblo de los hijos de Israel, se volvieron hacia el lado de la tierra baldía, y vieron que la gloria del Señor se veía en la nube. 11. Y el Señor, volviéndose a Moisés, dijo: 12. "He oído los murmullos de los hijos de Israel. Diles: 'Entre las dos tardes comerán carne, y por la mañana se saciarán de pan, y sabrán que yo soy el Señor su Dios'". 13. Por la tarde vinieron las codornices que cubrieron el campamento; y por la mañana había una capa de rocío alrededor del campamento. 14. Y cuando este rocío se disipó, había en la superficie del desierto algo tan pequeño como granos, algo tan pequeño como la escarcha blanca en la tierra. 15. Los hijos de Israel miraron y se dijeron unos a otros: "¿Qué es esto?", porque no sabían lo que era. Y Moisés les dijo: "Éste es el pan que el Señor os da a comer". 16. Esto es lo que ha ordenado el Señor: que cada uno de vosotros recoja para su comida un gomer por cabeza, según el número de vuestro pueblo; cada uno de vosotros tomará un poco para los que estén en su tienda. 17. Y los hijos de Israel lo hicieron así; y recogieron algunos más, y otros menos. 18. Luego midieron con el gomer; el que recogía más no tenía nada de más, y el que recogía menos no tenía nada de menos. Todos recogieron lo que necesitaban para su comida. 19. Y Moisés les dijo: "Que nadie deje a nadie hasta la mañana". 20 Y no escucharon a Moisés, pero hubo algunos que dejaron a algunos hasta la mañana; pero se les metieron gusanos, y se volvió asqueroso. Y Moisés se enfadó con ellos. 21 Cada mañana cada hombre recogía su comida, y cuando llegaba el calor del sol, se derretía. 22. El sexto día recogieron el doble de comida, dos gomeres para cada uno. Y todos los hombres principales de la congregación vinieron y se lo llevaron a Moisés. 23. Y Moisés les dijo: "Esto es lo que el Señor ha ordenado. Mañana es el día de descanso, el sábado santo del Señor; cocinad lo que tengáis que cocinar, hervid lo que tengáis que hervir, y almacenad todo lo que quede hasta la mañana". 24 Y lo dejaron hasta la mañana, como Moisés lo había ordenado, y no se ensució, ni le puso gusanos. 25 Y Moisés dijo: "Comedlo hoy, porque es día de reposo, pues hoy no lo encontraréis en el campo. 26. Durante seis días los reunirás; pero el séptimo día, que es el sábado, no habrá ninguno". 27. Y sucedió que al séptimo día, algunos salieron a recoger y no encontraron nada. 28. Y el Señor dijo a Moisés: "¿Hasta cuándo os negaréis a guardar mis mandamientos y mis estatutos? 29. Considera que el Señor te ha dado el sábado, por lo que te da comida al sexto día durante dos días. Que cada hombre permanezca en su lugar, y que nadie salga de su lugar al séptimo día". 30. Y la gente descansó en el séptimo día.

Preguntas:

1. ¿En qué día de la Biblia dice que Dios ha concedido una bendición?
2. ¿Perecerás si no te esfuerzas por ser un observador del sábado?
3. La Biblia ha dado algunos ejemplos de personas que observaban el sábado. ¿No quieres ser uno de ellos?

VERDADES SIMPLES Y ESENCIALES #4 – 2020
PREPARADO POR EL PASTOR OTHNEL PIERRE

EL ESTADO DE LOS MUERTOS

Contamos más de 22 versos bíblicos sobre la muerte en las Sagradas Escrituras. El tema del estado de los muertos necesita una atención especial y particular. Es un tema difícil y delicado. Es una noción que requiere la mayor cantidad de fe en Dios y en su Palabra, debido a las creencias populares que dicen que cuando alguien muere, va al cielo o todavía participa en lo que se hace en la tierra, por un lado ; y por otro lado, debido a los fenómenos espiritistas - lectura psíquica, sesiones de espiritismo, profecía, clarividencia, clariaudiencia, don de lenguas, agitación de manos, las llamadas curaciones «divinas», visiones, trance, revelaciones, raps, levitación, y cualquier otra manifestación que apoye la idea de la continuidad de la vida después de la muerte. Prefiero seguir lo que dice la Biblia.

¿Cómo saber alguien que va a morir?

La Biblia dice en **Eclesiastés 9:5, 6**: Porque los vivos saben que morirán; pero los muertos no saben nada, y no hay más recompensa para ellos, porque su memoria está olvidada. 6 Y su amor, y su odio, y su envidia, ya han perecido; y nunca más tendrán parte en nada de lo que se haga bajo el sol.

¿Qué le pasa a alguien que está muerto?

a. **Salmos 30:10**, ¿el polvo te alaba?
b. **Génesis 3:19**. Con el sudor de tu rostro comerás el pan, hasta que vuelvas a la tierra de donde fuiste tomado; porque polvo eres, y en polvo te convertirás.
c. **Daniel 12:2**. Muchos de los que duermen en el polvo de la tierra serán despertados, unos para vida eterna, y otros para reproche, para vergüenza eterna.
d. **Juan. 5:28, 29**. No os maravilléis de esto, porque viene la hora en que todos los que están en los sepulcros oirán su voz y saldrán de ellos. 29 Los que han hecho el bien resucitarán de por vida, pero los que han hecho el mal resucitarán para el juicio.
e. **Job 7:21**. ¿Qué es eso de que no perdonas mi pecado, y no perdonas mi iniquidad? Porque me acostaré en el polvo: me buscarás y no seré más.

La idea de alguien que ha muerto y se ha ido al cielo es absurda. De otra manera, 1) Todos se apresurarían a morir. 2) No necesitaríamos la resurrección.

Resurrección e Inmortalidad de los Justos – El hombre recibirá la inmortalidad en la resurrección.

  a. **Juan 11:25, 26.** Jesús le dijo: "Yo soy la resurrección y la vida. El que crea en mí vivirá, aunque esté muerto, 26 y el que viva y crea en mí no morirá jamás. ¿Puedes creerlo?
  b. **1 Tesalonicenses 4:16, 17.** El Señor mismo descenderá del cielo con un grito, con la voz del arcángel y con la trompeta de Dios, y los muertos en Cristo resucitarán primero. 17. Entonces nosotros, los que estamos vivos y quedamos, seremos arrebatados junto con ellos en las nubes para encontrarnos con el Señor en el aire, y así estaremos siempre con el Señor.

Algunos de los versos del pretexto: – **1 Samuel 28** habla de Saúl consultando a la hechicera de Endor. ¡Vean el verso 11! ¿A quién quieres que te envíe? – y no descenderé.

  a. **Filipenses 1:23, 24.** Tengo prisa por ambas partes: deseo irme y estar con Cristo, que es el mejor de muchos; 24 pero por vosotros es más necesario que permanezca en la carne. (Lo que significa: estar con Cristo en su próximo regreso).
  b. **Lucas 23:46.** Jesús gritó en voz alta: "Padre, en tus manos encomiendo mi espíritu". Y cuando dijo estas palabras, exhaló (*ruah* en hebreo, *pneuma* en griego, el aliento va a Dios que lo dio – Eccl. 12:7, Gen. 2:7).
  c. **Mateo 10:28.** No temáis a los que matan el cuerpo y no pueden matar el alma; temed más bien a aquel que puede destruir tanto el alma como el cuerpo en la Gehenna. (Esto significa que algo puede matar el alma – el alma no es inmortal. 1 Cor. 15:45; Gen. 2:7 (Darby) El SEÑOR Dios formó al hombre del polvo de la tierra. Respiró en sus fosas nasales el aliento de vida y el hombre se convirtió en un alma viviente. Ecuación: polvo + aliento = alma viviente; polvo – aliento = alma muerta).

Fuente y Función del Espiritismo

a. **Génesis 3:4**. La serpiente dijo a la mujer: No morirás. – Esta es la base del Espiritismo. Sobre esta base, los muertos están más vivos en su estado muerto que cuando estaban vivos.

b. **Mateo 24:24, 25**. Se levantarán falsos Cristos y falsos profetas, y harán grandes maravillas y milagros, de modo que, si fuera posible, engañarán incluso a los elegidos. 25 He aquí que os lo he dicho de antemano. – Los falsos Cristos usarán el espiritismo.

c. **1 Timoteo 4:1**. El Espíritu dice expresamente que en los últimos tiempos algunos dejarán la fe, para aferrarse a espíritus engañosos y a doctrinas demoníacas. – Muchos serán engañados.

d. **Apocalipsis 16:14**. Éstos son espíritus de demonios, que hacen maravillas, y van a los reyes de toda la tierra, para reunirlos en la batalla del gran día del Dios Todopoderoso.

e. **1 Corintios 10:20**. Digo que lo que se sacrifica, se sacrifica a los demonios, y no a Dios; pero no quiero que tengas comunión con los demonios.

f. **Gálatas 5:19–21**. Se manifiestan las obras de la carne, que son: fornicación, inmundicia, impureza, disolución, 20 idolatría, magia, enemistad, contiendas, celos, animadversiones, disputas, divisiones, sectas, 21 envidia, embriaguez, exceso de comida y cosas semejantes. Os digo de antemano, como ya he dicho, que los que cometen tales cosas no heredarán el reino de Dios.

Preguntas:

1. ¿Prefieres escuchar las creencias populares o la Biblia?
2. ¿Satanás y sus seguidores disfrazados siempre dicen mentiras?
3. ¿Qué crees que le pasará a la gente que sigue creyendo que los muertos son todavía parte de sus actividades diarias?
4. ¿Qué quieres hacer, ahora que sabes la verdad sobre el Estado de los Muertos? Quiero rezar por ti.

VERDADES SIMPLES Y ESENCIALES #5 – 2020

PREPARADO POR EL PASTOR OTHNEL PIERRE

LOS PRINCIPIOS DE LA SALUD

Ya que nuestro cuerpo es el templo del Espíritu Santo, debemos cuidarlo inteligentemente. Además de un adecuado ejercicio y descanso, debemos adoptar la dieta más saludable posible y abstenernos de alimentos no saludables mencionados como tales en las Escrituras. Las bebidas alcohólicas, el tabaco y el uso de drogas y narcóticos son dañinos para nuestro cuerpo, por lo que también debemos abstenernos de ellos. En su lugar, usaremos cualquier cosa que someta nuestros cuerpos y pensamientos a la autoridad de Cristo, quien desea que seamos saludables, felices y prósperos.

Dios se preocupa por los enfermos.

a. **Mateo 9:12**. Cuando Jesús escuchó esto, dijo: "No son los que están bien los que necesitan un médico, sino los enfermos".
b. **Mateo 10:8**. Sanar a los enfermos, resucitar a los muertos, limpiar a los leprosos, expulsar a los demonios. Has recibido libremente, da libremente. (Esto es lo que Jesús pidió a sus discípulos que hicieran).
c. **Salmos 147:3**. Cura a los quebrantados de corazón, y sana sus heridas. (Éste es el mayor cuidado del cielo).
d. **Éxodo 23:25**. Servirás al Señor tu Dios, y él bendecirá tu pan y tus aguas, y yo quitaré la enfermedad de en medio de ti. (Debe ser atendido).

Varios Consejos de Salud

a. **Eclesiastés 11:10**. Deshazte de la tristeza de tu corazón y aleja el mal de tu cuerpo, porque la juventud y el amanecer son vanidad.
b. **Mateo 6:27**. ¿Quién de ustedes, por sus preocupaciones, puede añadir un codo a la duración de su vida? (Evítalas).
c. **1 Timoteo 4:8**. Practica la piedad; porque el ejercicio corporal es provechoso para pocos, mientras que la piedad es provechosa para todos, teniendo la promesa de esta vida y de la venidera. (Practica).
d. **Proverbios 17:22**. Un corazón alegre es una buena medicina, pero un espíritu quebrantado seca los huesos. (Pase lo que pase, siempre sonríe).

Los hijos de Dios están llamados a la santificación (Para luchar y evitar la enfermedad).

a. **Daniel 1:8**. Daniel resolvió no contaminarse con la comida y el vino que el rey bebía, y pidió a los principales eunucos que no lo contaminaran.
b. **Rom. 12:1**. Os exhorto, pues, hermanos, por la misericordia de Dios, a que ofrezcáis vuestros cuerpos como sacrificio vivo, santo, agradable a Dios, que será un culto razonable de vuestra parte.
c. **Colosenses 2:21**. ¡No tome! ¡No pruebe! ¡No lo toque!
d. **1 Pedro 2:9**. Vosotros, por el contrario, sois una raza elegida, un sacerdocio real, una nación santa, un pueblo adquirido, para que proclaméis las virtudes de aquel que os llamó de las tinieblas a su luz admirable.

La santificación del cuerpo y la mente (Si sabes que alguien está practicando lo que es desagradable en el Señor...).

a. **2 Corintios 6:17, 18**. Por tanto, salid de en medio de ellos y apartaos, dice el Señor; no toquéis lo inmundo, y yo os recibiré. 18 Yo seré un padre para vosotros, y vosotros seréis hijos e hijas para mí, dice el Señor Todopoderoso. (Salmo 27:10)
b. **3 Juan 1:2**. Amado, deseo que prosperes en todas las cosas, y que seas saludable, como prospera el estado de tu alma.

Comer y beber es parte de la religión.

a. **1 Corintios 10:31**. Así que ya sea que coman o beban o hagan cualquier otra cosa, háganlo todo por la gloria de Dios.
b. **Levítico 11: y Deuteronomio 14** – nos dicen qué animales, aves y peces comer:

Entre los animales que viven en la tierra, si consideramos que los reptiles son insignificantes, los que son consumibles (comestibles) son los que cumplen estas tres condiciones: cuerno partido, pata bífida y rumiar. Entre los animales que están en las aguas, deben cumplir dos condiciones: aletas y escamas. Entre las aves, deben evitarse las trepadoras (pájaros carpinteros, loros), las aves de presa (malfini, águilas), las aves nocturnas (búhos) y las que tienen patas palmeadas (patos, gansos).

Practica la dieta original. (Tanto como sea posible)

Génesis 1:29. Dios dijo: "He aquí que os he dado toda hierba que da semilla sobre la faz de toda la Tierra, y todo árbol que da fruto de árbol y da semilla; éste será vuestro alimento: será su comida".

Triunfo sobre la intemperancia

1 Corintios 9:25. Todos los que luchan se imponen toda clase de abstinencia, y lo hacen por una corona corruptible; pero nosotros lo hacemos por una corona incorruptible.

Bebidas alcohólicas – (Además de la carne como alimento, Dios también habla de bebidas, estimulantes y de narcóticos).

a. **Prov. 20:1**. El vino es engañoso, la bebida fuerte es tumultuosa; quien se excede no es sabio.
b. **Proverbios 23:29–33**. ¿Para quién es el ah? ¿Por quiénes son, por desgracia? ¿Por quién se pelean? ¿De quién nos quejamos? ¿Para quién son las heridas sin razón? ¿Para quiénes son los ojos rojos? 30 Para los que se quedan en el vino, para los que van a probar el vino mezclado. 31 No mires el vino que aparece bellamente rojo, que hace perlas en la copa, y fluye fácilmente. 32 Muerde como una serpiente, y pica como una albahaca. 33 Tus ojos estarán sobre los extraños, y tu corazón hablará perversamente.
c. **Levítico 10:9, 10**. No beberás vino ni bebida embriagante, tú y tus hijos contigo, cuando entres en la tienda de reunión, para que no mueras; será un estatuto para siempre a lo largo de tus

generaciones, 10 para que puedas discernir lo que es santo de lo que es profano, lo que es inmundo de lo que es limpio.
d. **Efesios 5:18**. No te embriagues con vino: es un libertinaje. En lugar de eso, llénate con el Espíritu.
e. **1 Timoteo 3:3**. No debe ser ni adicto al vino ni violento, sino indulgente, pacífico y desinteresado.
f. **1 Corintios 5:11**. Prohibición incluso de comer con una persona que se llama a sí mismo cristiano y está borracho. "Lo que te he escrito es que no debes tener relaciones con una persona que se llama a sí mismo hermano y se llama fornicario, o una persona codiciosa, o un idólatra, o una persona abusiva, o un borracho, o un secuestrador, y que ni siquiera debes comer con tal hombre.

Estimulantes y narcóticos. – (Tabaco, Cafeína y Drogas)
Deuteronomio 29:18. No haya entre vosotros hombre o mujer, familia o tribu, cuyo corazón se aparte hoy del Señor nuestro Dios, para ir a servir a los dioses de esas naciones. Que no haya entre vosotros ninguna raíz que produzca veneno y ajenjo.
Significado de la visión de Pedro. (Algunas personas toman la visión del manto de Pedro como una excusa para comer cualquier cosa. Aquí está el significado.)
Hechos 10:28, 34, 35. 28 Y les dijo: "Sabéis que está prohibido para un judío asociarse con un extranjero o entrar en su casa; pero Dios me ha enseñado que no debo considerar a ningún hombre como impuro e inmundo". 34 Entonces Pedro, abriendo la boca, dijo: "En verdad sé que Dios no hace acepción de personas, 35 pero en toda nación el que le teme y hace justicia le es aceptable".

Otros supuestos versos

a. **Mateo 15:11**. No es lo que entra en la boca lo que contamina al hombre, sino lo que sale de la boca lo que contamina al hombre.

(Sigue el contexto: hacer del lavado de manos un ritual de salvación eterna).

b. **1 Corintios 10:25–31**. Comed todo lo que se vende en el mercado, sin preguntar nada por razones de conciencia; 26 porque del Señor es la tierra y todo lo que hay en ella. 27 Si un incrédulo te invita y quieres ir, come lo que se te presente, sin preguntar nada por razones de conciencia. 28 Pero si alguien te dice: "¡Esto se ofreció como sacrificio!" No comáis de ello, por el bien de quien os lo advirtió, y por el bien de vuestra conciencia. 29 Hablo aquí, no de su conciencia, sino de la conciencia del otro. ¿Por qué mi libertad debe ser juzgada por una conciencia ajena? 30 Si como con agradecimiento, ¿por qué debo ser culpado por algo por lo que doy gracias? 31 Ya sea que comas o bebas o hagas cualquier otra cosa, hazlo todo para la gloria de Dios.

c. **Romanos 14: 14–17**. Sé y estoy persuadido por el Señor Jesús que nada es impuro en sí mismo, y que una cosa es impura sólo para quien la cree impura. 15 Pero si tu hermano se aflige por una comida, ya no andas según el amor: no causes por tu comida la pérdida de aquel por quien Cristo murió. 16 No permitas que tu privilegio sea causa de calumnia. 17 Porque el reino de Dios no es comer y beber, sino justicia, paz y alegría por medio del Espíritu Santo.

d. **1 Timoteo 4:4, 5**. Todo lo que Dios ha creado es bueno, y nada debe ser rechazado, siempre que se tome con acción de gracias, 5 porque todas las cosas son santificadas por la palabra de Dios y por la oración.

e. **Tito 1:15**. Todas las cosas son puras para los puros, pero nada es puro para los contaminados e incrédulos, su entendimiento y conciencia están contaminados.

(Los versos indicados aquí en b, c, d, e, no tienen nada que ver con los alimentos puros e inmundos de Levítico 11 y Deuteronomio 14.) La explicación de todo esto se da en 1 Corintios 8:7–13).

¿Cuál es el fundamento de todos los versos de Pablo?

a. **1 Corintios 8:7–13**. Este conocimiento no está en todos. Hay quienes, por la forma en que todavía ven el ídolo, comen de estas carnes como si fueran sacrificadas a los ídolos, y su conciencia, que es débil, se contamina por ello. 8 No es un alimento que nos acerque a Dios: si lo comemos, no tenemos nada más; si no lo comemos, no tenemos nada menos. 9 Tengan cuidado, sin embargo, de que su libertad no se convierta en un obstáculo para los débiles. 10 Porque si alguien te ve a ti, que tienes conocimiento, sentado a la mesa en un templo de ídolos, ¿no le llevará su conciencia, que es débil, a comer la carne sacrificada a los ídolos? 11 ¡Y así perecerá el débil por tu conocimiento, el hermano por el que murió Cristo! 12 Al pecar así contra los hermanos, y al herir su débil conciencia, pecas contra Cristo. 13 Por lo tanto, si algún alimento causa ofensa a mi hermano, nunca comeré carne, para no ofender a mi hermano.

Si persiste en desobedecer las órdenes divinas, pagará las consecuencias.

b. **2 Pedro 3:16, 17**. (El apóstol Pedro identifica a las personas que tienen dificultad para comprender esta verdad simple y esencial y anima a los que la comprenden a mantenerse firmes). «Esto es lo que hace en todas sus cartas, donde habla de esas cosas, en las que hay puntos difíciles de entender, que gente ignorante e inestable tergiversa el significado, como el de las otras Escrituras, para su propia ruina. 17 Por lo tanto, amados, que seáis advertidos, estad en guardia, no sea que os dejéis llevar por el engaño de los impíos y perdáis vuestra firmeza».

Consecuencias. – (Si persiste en desobedecer las órdenes divinas, pagará las consecuencias).

Isaías 66:17. Los que se santifican y purifican en los jardines, en medio de los cuales van uno por uno, <u>comiendo carne de cerdo, cosas abominables y ratones, todos estos perecerán, dice el Señor.</u>

La revista «National Geographic, en noviembre de 2005» habló del pueblo adventista en estos términos: A través de la Biblia (el cuerpo humano es el templo de Dios – 1 Corintios 6:19), la Iglesia Adventista aboga por una reforma de la salud que incluye una alimentación sana, el mantenimiento del cuerpo mediante el ejercicio físico, la abstinencia de alcohol, tabaco y otras sustancias nocivas. Las investigaciones indican que la esperanza de vida de los adventistas es superior al promedio de la población de los países desarrollados (4 años más para las mujeres y 7 años más para los hombres) – National Geographic, noviembre de 2005.

<u>Bendición para el que obedece</u> – Y si obedecéis los mandatos de Dios, esta es la bendición que os acompañará:

1 Tesalonicenses 5:23. ¡Qué el mismo Dios de la paz os santifique por completo, y que todo vuestro ser, espíritu, alma y cuerpo, se conserve intachable en la venida de nuestro Señor Jesucristo!

Preguntas:

1. ¿Quieres estar entre los que eligen obedecer?
2. Los que comen carne de cerdo perecerán; ¿qué hubieras preferido? ¿Perecer o dejar de comer cerdo y cosas abominables?
3. Dios se preocupa por ti en todos los sentidos. ¿Quieres decirle a Dios que le perteneces ahora y para siempre?

VERDADES SIMPLES Y ESENCIALES #6 – 2020
PREPARADO POR EL PASTOR OTHNEL PIERRE

LA SANTA CENA

¿Quién puede participar en la Santa Cena?

El siguiente estudio es importante porque trata de un tema que concierne a un elemento práctico de nuestra fe. Como con mis otras sugerencias de información, presento este tema de una manera muy simple. La Cena del Señor simboliza nuestra aceptación del cuerpo y la sangre de Jesús, derramada y rota por nosotros. Sondeando nuestros corazones, nos lavamos los pies, recordando el ejemplo de humildad y servicio de Jesús. La Cena del Señor, (o «cena» etimológicamente, «partición del pan», «la cena del Señor», «la mesa del Señor») es la participación en los emblemas del cuerpo y la sangre de Jesús; expresa nuestra fe en Él, nuestro Señor y Salvador. En esta experiencia de comunión, Cristo está presente para encontrar a su pueblo y fortalecerlo. Al participar alegremente en ella, proclamamos la muerte del Señor hasta que venga. La preparación para el servicio de la comunión implica un examen de conciencia, arrepentimiento y confesión. El Maestro prescribió la ablución de los pies para simbolizar una renovada purificación, para expresar la disposición de servirnos unos a otros en la humildad de Cristo, y para unir nuestros corazones en el amor. El servicio de la comunión está abierto a todos los cristianos.

> *La Cena del Señor simboliza nuestra aceptación del cuerpo y la sangre de Jesús, derramada y rota por nosotros.*

Institución de la Santa Cena

Juan 13, 1–17. Antes de la fiesta de la Pascua, Jesús, sabiendo que su hora había llegado para pasar de este mundo al Padre, y habiendo amado a los suyos que estaban en el mundo, completó su amor por ellos. 2 En la cena, cuando el diablo ya había inspirado en el corazón de Judas Iscariote, hijo de Simón, el propósito de traicionarlo, 3 Jesús, sabiendo que el Padre había entregado todas las cosas en sus manos, y que había venido de Dios, y se iba a Dios, 4 Se levantó de la mesa, se quitó los vestidos y se ciñó con una toalla. 5 Echó agua en una palangana y comenzó a lavar los pies de los discípulos y a secárselos con la toalla con la que estaba ceñido. 6 Se acercó entonces a Simón Pedro y éste le dijo: "Señor, ¿tú me lavarás los pies?". 7 Respondió Jesús diciéndole: "Lo que hago, no lo entiendes ahora, pero pronto lo entenderás". 8 Pedro le dijo: "No, nunca me lavarás los pies". Jesús le contestó: "Si no te lavo, no tienes nada que ver conmigo". 9 Le dice Simón Pedro: "Señor, no sólo los pies, sino también las manos y la cabeza". 10 Jesús le dice: "El que está lavado sólo necesita lavarse los pies para quedar limpio; y vosotros estáis limpios, pero no todos". 11 Porque conocía al que lo traicionó; por eso dijo: "No todos ustedes están limpios". 12 Y cuando les lavó los pies y tomó su ropa, volvió a la mesa y les dijo: "¿Entienden lo que les he hecho?" 13 Me llamáis Maestro y Señor, y decís bien, porque yo soy Él. 14 Si pues yo, el Señor y el Maestro, os he lavado los pies, también vosotros debéis lavaros los pies los unos a los otros. 15 Porque os he dado ejemplo, para que hagáis como yo os he hecho. 16 De verdad, os digo que el siervo no es más grande que su señor, ni el apóstol más grande que el que le envió. 17 Si sabéis estas cosas, benditos seáis si las hacéis.

Tres elementos son importantes en una santa cena apropiada: 1) El lavado de los pies, que es un servicio de humildad; 2) El pan ácimo (sin levadura); 3) El jugo puro de la vid.

Mateo 26:26–30. Mientras comían, Jesús tomó pan, y habiendo dado gracias, lo partió y lo dio a los discípulos, diciendo: "Este es el pan de Dios: Tomad, comed, esto es mi cuerpo". 27 Y tomó una copa, y cuando hubo dado gracias, se la dio, diciendo: "Bebed todos de ella. 28 Porque esta es mi sangre, la sangre de la alianza, que se derrama por muchos para la remisión de los pecados. 29 Y os digo que no beberé más de este fruto de la vid desde ahora en adelante, hasta el día en que beba vino nuevo con vosotros en el reino de mi Padre". 30. Cuando habían cantado las canciones, subieron al Monte de los Olivos.

Jesús es muy cuidadoso en el ejemplo que nos da al instituir la Cena del Señor: 1) Descubrió el pan, dio gracias, es decir, bendijo el pan, lo partió, es decir, lo partió en pedazos y dio una pieza a cada discípulo. 2) Descubrió la copa, dio gracias, es decir, bendijo el jugo de la vid y lo distribuyó a los discípulos.

1 Corintios 11:20–34. Por tanto, cuando os reunís, no es para comer la cena del Señor; 21 porque cuando os sentáis a la mesa, cada uno come primero su propia comida, y el uno tiene hambre, mientras que el otro está borracho. 22 ¿No tenéis casas para comer y beber? ¿O desprecias la iglesia de Dios y avergüenzas a los que no tienen nada? ¿Qué te digo? ¿Debo alabarte? En esto no te alabaré. 23 Porque he recibido del Señor lo que os he enseñado: que el Señor Jesús, la noche en que fue entregado, tomó pan, 24 y, habiendo dado gracias, lo partió y dijo: "Este es mi cuerpo, que es partido por vosotros; haced esto en memoria mía". 25 Asimismo, después de cenar, tomó la copa y dijo: "Esta copa es el nuevo pacto en mi sangre; haced esto en memoria mía tantas veces como bebáis de ella. 26 Porque cuantas veces coméis este pan y bebéis de esta copa, proclamáis la muerte del Señor hasta que Él venga. 27 Por lo tanto, quienquiera que coma el pan o beba la copa del Señor de manera indigna será culpable del cuerpo y la sangre del Señor. 28 Pruébese, pues, cada uno a sí mismo, y coma así del pan y beba del cáliz; 29 porque el que come y bebe sin discernir el cuerpo del Señor, come y bebe el juicio contra sí mismo. 30 Por esta causa hay entre vosotros muchos enfermos y dolientes, y muchos han muerto. 31 Si nos juzgáramos a nosotros mismos, no seríamos juzgados. 32 Pero cuando somos juzgados, somos castigados por el Señor, para que no seamos condenados con el mundo. 33 Así que, hermanos míos, cuando os reunáis para la comida, esperad el uno al otro. 34 Si alguien tiene hambre, que coma en casa, para que no se reúnan para juzgaros. Resolveré las otras cosas cuando haya llegado".

El relato de Pablo (alrededor del año 51 d.C.) es el documento más antiguo que tenemos sobre la Cena del Señor. Al organizar la Iglesia de Corinto, el apóstol había prescrito la celebración de esta comida conmemorativa.

¿Cuándo tomar la Última Cena?

Jesús no especificó cuándo y en qué intervalos los discípulos tendrían que tomar la Cena del Señor. Sin embargo, el mandamiento "Haced esto en memoria mía cada vez que lo bebáis" (1 Corintios 11:25) parece indicar una celebración frecuente. La Iglesia Adventista del Séptimo Día ha prescrito una frecuencia trimestral. El elemento más importante de la Cena del Señor es la comunión.

¿Quién puede participar en la Santa Cena, la Cena del Señor, la Mesa del Señor?

1. Aquellos que creen en Él, para el perdón de sus pecados y su eterna redención: **Romanos. 5:8**. Dios prueba su amor por nosotros, en que, mientras aún éramos pecadores, Cristo murió por nosotros. Cristo murió por mí.
2. Aquellos que pertenecen al Señor, que son conscientes de ser redimidos por su sangre para ser suyos.
   - **1 Corintios 7:23**. Habéis sido redimidos a un gran precio; no os hagáis esclavos de los hombres.
   - **Hebreos 9:12**. Entró en el lugar santísimo de una vez por todas, no con sangre de cabras y becerros, sino con su propia sangre, habiendo obtenido la redención eterna.
3. Sus discípulos, los que han recibido su palabra y han sido bautizados, guardan sus enseñanzas y practican sus instrucciones. **Mateo 28:19, 20**. Id y haced discípulos a todas las naciones, bautizándolos en el nombre del Padre y del Hijo y del Espíritu Santo, 20 y enseñándoles a guardar todo lo que os he mandado. Y he aquí que estoy contigo siempre, incluso hasta el fin del mundo.
4. Sus fieles que han hecho un pacto con él a través del sacrificio, que permanecen unidos a él y lo siguen. **Salmo 50:5**. Reúne a mis santos, que han hecho un pacto conmigo por medio de un sacrificio.

   <u>Varios consejos</u>:
   - No te prives de la bendición de la Cena del Señor. **1 Corintios 11:26**. Cada vez que coméis este pan y bebéis esta copa, proclamáis la muerte del Señor hasta que venga.
   - Hay un elemento sobre el que debemos estar muy atentos: el de la moralidad de los miembros del cuerpo de Cristo que

participan en la Cena del Señor. **Hebreos 10:24**. «Velemos los unos por los otros, para estimularnos a la caridad y a las buenas obras».

- Ahora bien, si comemos la Cena del Señor con personas que se llaman a sí mismas hermanos y hermanas, que viven ostensiblemente en pecado, que lo sabemos y guardamos silencio, nos hacemos cómplices de su situación. **1 Corintios 5:11**. "Lo que os he escrito es para que no os relacionéis con nadie que, llamándose hermano, sea fornicario, o avaro, o idólatra, o abusivo, o borracho, o secuestrador, ni siquiera para comer con tal hombre.
- No debemos trivializar la Cena del Señor, sino tomarla respetuosamente en la fe, con gratitud y agradecimiento, con la escucha atenta del Espíritu Santo de Dios que habla a menudo en ese momento. **Juan 14:25, 26. 25** Estas cosas os las he dicho mientras estoy con vosotros. 26 Pero el Consolador, el Espíritu Santo, a quien el Padre enviará en mi nombre, os enseñará todas las cosas y os recordará todo lo que os he dicho.

Preguntas:

1. ¿Quién instituyó la Santa Cena, Jesús o los Apóstoles?
2. ¿Es importante ver los tres elementos – lavado de pies, pan ácimo, jugo puro de la vid – en una ceremonia de la Santa Cena?
3. ¿Qué hace que este servicio sea solemne además de la presencia de Jesús?

VERDADES SIMPLES Y ESENCIALES #7 – 2020

PREPARADO POR EL PASTOR OTHNEL PIERRE

EJERCICIOS DE LEALTAD

Seguramente habrán oído hablar de este cantante belga italiano, Salvatore, Knight Adamo (nacido el 1 de noviembre de 1943). Google y YouTube pueden ayudarte a saber más sobre él. Es un cantautor, conocido por sus baladas románticas. Una de sus canciones decía: «¡Señorita, espere!

Lleva mi corazón en su cartera. Y si se lo queda, te hará feliz y a mí aún más». Desde la caída, el corazón de la humanidad está en la cartera del Diablo. La única prueba que podemos tener de que ha sido limpiado por Cristo es su voluntad de dar sin contar, fielmente, alegremente, con entusiasmo y sin murmurar por la causa del Señor. Esto sólo puede ser posible a través de la más que hercúlea fuerza de tu amor por Jesús, a través de la fe. Dar por la causa del Señor se traduce en un 100% de liberalidad de tu ser, es decir, tu cuerpo, tiempo, talentos y dinero. Tu corazón está en la cartera del diablo. Y si se lo queda, hará tu desgracia. El Señor quiere redimirte hoy. Te hará feliz, y te hará feliz aún más. La señal visible de que estas cuatro nociones están cubiertas en alguien, empieza por el valor que le das a tus ingresos y posesiones.

Medida a un hombre

- **Mateo 6:19–21**. No os hagáis tesoros en la tierra, donde la polilla y el óxido destruyen, y donde los ladrones penetran y roban; 20 pero haced tesoros en el cielo, donde la polilla y el óxido no destruyen, y donde los ladrones no penetran y roban. 21 Porque donde esté vuestro tesoro, allí estará también vuestro corazón. (Un hombre se mide con la vara de su corazón).
- **Proverbios 22:7**. El rico tiene dominio sobre el pobre, y el que pide prestado es siervo del que presta. (Tu voluntad de compartir determina el estado de tu corazón).
- <u>**El episodio del joven rico**</u>: **Mateo 19:16–26.** He aquí que un hombre se acercó y le dijo a Jesús: "Maestro, ¿qué debo hacer de bueno para tener la vida eterna?" 17 Él le respondió: "¿Por qué me preguntas acerca de lo que es bueno? Sólo uno es bueno. Si quieres entrar en la vida, cumple los mandamientos". "¿Cuáles?", Pregunta. 18 Jesús dijo: "No puedes matar, no puedes hacer el mal, no puedes quitar nada, no puedes dar falso testimonio, honra a tu padre y a tu madre, 19 y puedes amar a tu prójimo como a ti mismo". 20 El joven le dijo: "He cumplido con todo esto, ¿qué me falta?" 21 Jesús le dijo: "Si quieres ser perfecto, anda, vende

lo que tienes, dáselo a los pobres y tendrás un tesoro en el cielo". Entonces ven y sígueme. 22 Cuando el joven escuchó estas palabras, se fue triste, porque tenía grandes posesiones. 23 Jesús dijo a sus discípulos: "En verdad os digo que un rico difícilmente entrará en el reino de los cielos. 24 Otra vez os digo que es más fácil que un camello pase por el ojo de una aguja que un rico entre en el reino de Dios". 25 Al oír esto, los discípulos se sorprendieron mucho diciendo: "Es más fácil que un camello pase por el ojo de una aguja que un rico entre en el reino de Dios: ¿Quién puede entonces salvarse?" 26 Jesús los miró y les dijo: "Para los hombres esto es imposible, pero para Dios todo es posible".

- **1 Crónicas 29:17**. Sé, oh Dios mío, que escudriñas el corazón y que amas la justicia; por eso te he hecho todas estas ofrendas voluntarias en la rectitud de mi corazón, y ahora he visto con alegría a tu pueblo que está aquí ofreciendo voluntariamente sus dones a ti.

Prueba de tu amor por Dios

- **Proverbios 3:9, 10**. Honra al Señor con tu riqueza y con las primicias de todos tus frutos. 10 Entonces tus graneros estarán llenos de abundancia, y tus vasijas estarán llenas de vino nuevo.
- **1 Crónicas 29:13, 14**. Ahora, oh Dios nuestro, te alabamos y celebramos tu glorioso nombre. 14 Porque, ¿quién soy yo y quién es mi pueblo, para que de buena gana le hagamos estas ofrendas? Todas las cosas vienen de ti, y recibimos de tu mano lo que te ofrecemos.
- **Voto perpetuo al Señor**. **Génesis 28:22**. Esta piedra que he puesto como columna, será la casa de Dios, y te daré el diezmo de todo lo que me des.

Pero es una orden

- **Éxodo 35: 5, 22, 26, 29**. Tomad de lo vuestro una ofrenda para el Señor. Todo hombre cuyo corazón esté dispuesto a traer una ofrenda al Señor: oro, plata y bronce. Habla con los hijos de Israel. Que me traigan una ofrenda: la recibirás por mí de todo aquel que la ofrezca voluntariamente.

- **2 Corintios 9:7**. Cada uno dé como propuso en su corazón, sin tristeza ni limitación, porque Dios ama al dador alegre.
- **1 Corintios 4:2**. Además, lo que se requiere de los que dan es que cada uno sea hallado fiel.
- **Mateo 23:23**. ¡Ay de vosotros, escribas y fariseos, hipócritas! Porque pagas diezmos de menta, eneldo y comino, y dejas lo más importante de la ley, la justicia, la misericordia y la fidelidad: esto es lo que debería haberse hecho, sin descuidar las demás cosas.

<u>Obediencia</u>. **Éxodo 35:20, 21**. Toda la congregación de los hijos de Israel salió de la presencia de Moisés. 21 Y todos los que se conmovieron de corazón y de buena voluntad vinieron y trajeron una ofrenda al Señor para la obra del tabernáculo de reunión, y para todo su servicio, y para las vestiduras sagradas.

Bendiciones que vendrán

- **Proverbios 11:25**. El alma bondadosa será saciada, y el que riega será regado.
- **Malaquías 3:7–12**. Desde los días de vuestros padres os habéis apartado de mis preceptos, y no los habéis guardado. Volved a mí y yo volveré a vosotros, dice el Señor de los ejércitos. Y tú dices: "¿Cómo regresaremos? 8 ¿Un hombre engaña a Dios? Porque me engañas, y dices: '¿Cómo te hemos engañado?', en diezmos y ofrendas. 9 ¡Estás maldito con una maldición, y me engañas a mí, a toda la nación! 10 Traed todos los diezmos a la casa del tesoro, para que haya comida en mi casa; así me probaréis", dice el Señor de los ejércitos. "Y veréis si no os abro las puertas del cielo y si no derramo una bendición sobre vosotros en abundancia. 11 Y reprenderé al devorador por vosotros, y no destruirá

el fruto de la tierra, ni la vid será estéril en vuestros campos", dice el Señor de los ejércitos. 12 Y todas las naciones os llamarán bienaventurados, porque seréis una tierra de delicias, dice el Señor de los ejércitos.

Pobre de aquel que engaña a Dios

- **Hechos 5:9**. Entonces Pedro le dijo: "¿Cómo has accedido a tentar al Espíritu del Señor? He aquí que los que enterraron a tu marido están a la puerta y te sacarán.
- **Lucas 12:20, 21**. Pero Dios le dijo: ¡Tonto! Esta misma noche se te pedirá tu alma, y lo que has preparado, ¿para quién será? Así es como él acumula tesoros para sí mismo, y no es rico para Dios.
- **Deuteronomio 8:17–19**. Cuida que digas en tu corazón: Mi fuerza y el poder de mi mano me han dado estas riquezas: / Acuérdate del Señor tu Dios, porque te dará fuerza para conseguirlas, para que confirmes su pacto que juró a tus padres, como lo hace hoy. / Si te olvidas del Señor tu Dios, y vas tras otros dioses, y los sirves, y los adoras, te declaro hoy que morirás.

Diversos Consejos de salud

- **Levítico 27:30, 31**. Todos los diezmos de la tierra, ya sea de los cultivos de la tierra o del fruto de los árboles, pertenecen al SEÑOR; es santo para el SEÑOR. 31 Si algún hombre quiere redimir alguno de sus diezmos, añadirá una quinta parte de los mismos. No prestes o pidas prestado lo que se ha apartado para el Señor. En caso de que eso ocurra, añádelo. [$200.00: 5 = $40.00 => $240.00].
- **Lucas 12:15**. Y les dijo: "Mirad que no seáis avariciosos, porque la vida de un hombre no depende de sus bienes, ni siquiera de la abundancia".
- **Hechos 20:35**. «Es mejor dar que recibir».

- Trae los diezmos y las ofrendas. «Diezmos» significa el 10% de tus ingresos; y las ofrendas se darán según la medida de tu amor y fe en Dios. Algunas personas dan la misma cantidad que los diezmos, otras dan la mitad del valor de los diezmos y otras más que el valor de los diezmos como ofrendas. (Los ejemplos pueden ser dados a o por el estudiante, si es apropiado).

Preguntas:

1. ¿Por qué tenemos que devolver los diezmos y las ofrendas a Dios?
2. ¿Qué promesa hace Dios al que devuelve fielmente sus diezmos y ofrendas?
3. ¿Qué voto perpetuo quiere hacer al Señor?

A MANERA DE CONCLUSIÓN

En **Juan 10:16**. «Tengo otras ovejas que no son de este redil; éstas debo traer, y oirán mi voz, y habrá un solo rebaño, un solo pastor».

Este compendio puede ayudar en este sentido. Puede ser usado como un instrumento o para la evangelización personal o para una semana de evangelización pública. En ella hemos reunido lo mejor de los temas clave del Movimiento Adventista para satisfacción de todos, Pastores y laicos dedicados. El lector u oyente que se adhiera a estos principios será un clavo plantado y sellado en la Iglesia por el mismo Cristo. Y él o ella estará allí como la casa construida sobre la roca de **Mateo 7:24, 25**.

«Por lo tanto, el que escuche estas palabras que yo digo y las ponga en práctica, será como un hombre prudente que construyó su casa sobre una roca. 25 Cayó la lluvia, vinieron los arroyos, soplaron los vientos y vinieron contra esa casa, y no cayó, porque estaba fundada sobre la roca, sino que fue construida sobre la roca». Que Dios, por su Espíritu Santo, os permita hacer buen uso de ella, para que las demás ovejas sean llevadas a pastar y haya un solo rebaño y un solo Pastor. No puedo esperar a llegar a casa. ¿Y qué hay de ti?

COMENTARIOS

Este pequeño folleto es una herramienta práctica que demuestra la importancia de la participación individual en la evangelización. Sobre todo, pretende facilitar la tarea de cada cristiano en su misión divina de servir al Maestro. Con este folleto tiene la seguridad y la base esencial. Más allá de las campañas públicas de evangelización con un predicador estrella y unos cuantos ayudantes-evangelistas que actúan... Ahora, no hace falta ser como espectadores en un teatro. Así pues, el equipo *Glwa Pou Bondye* se une a mí para felicitar, en primer lugar, al pastor Othnel Pierre por esta iniciativa, y para animarlos a hacer uso de este nuevo recurso.

Dorcéna Dorzilmé, MPA, B.Ed.
Autor, formador, entrenador, conferenciante
Presidente del equipo Glwa Pou Bondye
www.glwapoubondye.com

Según la Biblia, una de las funciones más importantes del pastor es trabajar para "el perfeccionamiento de los santos para la obra del ministerio y la edificación del cuerpo de Cristo". Al producir este libro conciso, el pastor Othnel Pierre está respondiendo al imperativo bíblico. También capacita a los miembros laicos para que desempeñen un papel activo en la difusión del Evangelio, atendiendo a todos los creyentes. Durante demasiado tiempo la iglesia se ha desviado hacia la posición errónea de que emprender estudios bíblicos y llevar a cabo la evangelización es responsabilidad exclusiva del pastor. Este folleto sirve como instrumento para reajustar la brújula vocacional de la iglesia.

Daniel Honoré
Presidente de la Conferencia del Noreste de
los Adventistas del Séptimo Día

HACIENDO DISCÍPULOS PARA CRISTO EN SIETE DÍAS no es un programa de evangelización exprés. Tampoco es la negación de las campañas de masas. Es un menú de discipulado que lo prepara para encontrarse con el Señor Jesús. Es un menú que instruye y fortalece. También es el libreto de "volver a las andadas", a una vida de servicio al Maestro en un mundo postmoderno. Un mundo postmoderno que no niega la religión, sino que la vacía de su esencia.

Jean Josué Pierre
Universidad Adventista de Haití

El testimonio de la naturaleza hace que todos sean inexcusables en la negación de Dios. En su amor, Dios se sirve, además del cosmos, de los seres humanos, creados a su imagen, para proclamar sus Oráculos. La desobediencia del hombre y el alejamiento de Dios no impiden que el Altísimo mantenga su relación con su creación. En sus planes de felicidad y rehabilitación, junto con la redención, están los excelentes regalos que el Señor hace a sus hijos. Feliz beneficiario, el pastor Othnel Pierre privilegia el método de las publicaciones en este período de pandemia para trabajar incansablemente en la búsqueda de las almas sedientas del agua de vida que sólo da Jesucristo. Esta colección: "HACIENDO DISCÍPULOS PARA CRISTO EN SIETE DÍAS" representa una guía fácil que conduce a cualquier lector alterado a la fuente de esta agua de vida.

Aleus Alcin, Anciano
Iglesia Mitspa SDA

Si la realización del anuncio del Evangelio requiere el esfuerzo combinado de pastores y laicos, cualquier movimiento real para equipar a estos últimos para la tarea es de la mayor importancia y urgencia. Ésta es, pues, la visión que apasionó la mente del pastor Othnel Pierre y generó en él el gran deseo de equipar a nuestros miembros poniendo a su disposición este libro, HACIENDO DISCÍPULOS PARA CRISTO EN SIETE DÍAS, una herramienta aparentemente sencilla, pero lo suficientemente poderosa como para entrenar mejor al ejército del Señor para derribar las fortalezas del formidable adversario, poniéndolas bajo el control del Rey Jesús. Alabamos la iniciativa del autor y decimos: ¡Gloria a Dios!

Pastor Yrvain Jean-Philippe
Doctorado

TEACH Services, Inc.
PUBLISHING
www.TEACHServices.com • (800) 367-1844

We invite you to view the complete
selection of titles we publish at:
www.TEACHServices.com

We encourage you to write us
with your thoughts about this,
or any other book we publish at:
info@TEACHServices.com

TEACH Services' titles may be purchased in
bulk quantities for educational, fund-raising,
business, or promotional use.
bulksales@TEACHServices.com

Finally, if you are interested in seeing
your own book in print, please contact us at:
publishing@TEACHServices.com

We are happy to review your manuscript at no charge.

www.ingramcontent.com/pod-product-compliance
Lightning Source LLC
Chambersburg PA
CBHW070545170426
43200CB00011B/2569